U Sivaji

# Uma estrutura de deteção de notícias falsas baseada em aprendizagem profunda

U Sivaji

# Uma estrutura de deteção de notícias falsas baseada em aprendizagem profunda

## Notícias nas redes sociais

**ScienciaScripts**

**Imprint**



Cover image: www.ingimage.com

This book is a translation from the original published under ISBN 978-620-8-42024-6.

Publisher:
Sciencia Scripts
is a trademark of
Dodo Books Indian Ocean Ltd. and OmniScriptum S.R.L publishing group

120 High Road, East Finchley, London, N2 9ED, United Kingdom
Str. Armeneasca 28/1, office 1, Chisinau MD-2012, Republic of Moldova, Europe
Managing Directors: Ieva Konstantinova, Victoria Ursu
info@omniscriptum.com

Printed at: see last page
**ISBN: 978-620-8-63888-7**

# INTRODUÇÃO

Devido à proliferação dos meios de comunicação social, as notícias estão a aumentar rapidamente e as pessoas são influenciadas pelas notícias e pelas informações que estas contêm. É bom ter estas plataformas para partilhar dados instantaneamente. No entanto, há um problema com as notícias falsas. A menos que sejam detectadas e removidas, causam problemas que levam as pessoas a suspeitar dessas notícias. Para ultrapassar este problema, surgiram muitas técnicas baseadas em técnicas de aprendizagem automática. No entanto, ultimamente, a inteligência artificial (IA) avançada é realizada com técnicas de aprendizagem profunda que são utilizadas para melhorar o desempenho na análise de dados. Neste documento, utilizámos uma abordagem orientada para modelos. O processo geral de deteção de notícias falsas é ilustrado. A literatura revela diferentes técnicas que são utilizadas para prever o carácter falso das notícias. A deteção de conteúdos maliciosos através de mensagens de correio eletrónico é efectuada enquanto a deteção de notícias falsas é investigada com três tipos de notícias falsas. São utilizadas três técnicas diferentes na deteção de anúncios maliciosos. A análise da credibilidade dos dados das redes sociais é feita em enquanto os modelos de aprendizagem profunda são utilizados na literatura, entende-se que os modelos de aprendizagem profunda necessitam de uma maior otimização e de configurações ideais para melhorar a precisão na deteção de notícias falsas. Para o efeito, neste artigo, propusemos um algoritmo baseado na aprendizagem profunda.

## 1.1 REQUISITOS DE SOFTWARE

Os requisitos de software tratam da definição dos requisitos de recursos de software e dos pré-requisitos que têm de ser instalados num computador para permitir o funcionamento ótimo de uma aplicação. Estes requisitos ou pré-requisitos não estão geralmente incluídos no pacote de instalação do software e têm de ser instalados separadamente antes de o software ser instalado.

**Plataforma** - Em informática, uma plataforma descreve um tipo de estrutura, em hardware ou software, que permite a execução de software. As plataformas típicas incluem a arquitetura de um computador, o sistema operativo ou as linguagens de programação e respectivas bibliotecas de tempo de execução.

O sistema operativo é um dos primeiros requisitos mencionados quando se definem os requisitos do sistema (software). O software pode não ser compatível com versões diferentes da mesma linha de sistemas operativos, embora seja frequentemente mantida alguma medida de compatibilidade com versões anteriores. Por exemplo, a maior parte do software concebido para o Microsoft Windows XP não funciona com o Microsoft Windows 98, embora o inverso nem sempre seja verdade. Da mesma forma, o software concebido utilizando as novas funcionalidades do Kernel Linux v2.6 geralmente não corre ou compila corretamente (ou de todo) em distribuições Linux que utilizam o Kernel v2.2 ou v2.4.

**APIs e controladores** - O software que utiliza extensivamente dispositivos de hardware especiais, como adaptadores de ecrã topo de gama, necessita de uma API especial ou de controladores de dispositivo mais recentes. Um bom exemplo é o DirectX, que é uma coleção de APIs para lidar com tarefas relacionadas com multimédia, especialmente programação de jogos, em plataformas Microsoft.

**Navegador Web** - A maior parte das aplicações Web e do software que dependem fortemente das tecnologias da Internet utilizam o navegador predefinido instalado no sistema. O Microsoft Internet Explorer é uma escolha frequente de software executado no Microsoft Windows, que utiliza controlos ActiveX, apesar das suas vulnerabilidades.

1) **Versão comunitária do Visual Studio**
2) **Nodejs (Versão 12.3.1)**
3) **Python IDEL (Python 3.7)**

## 1.2 REQUISITOS DE HARDWARE

O conjunto mais comum de requisitos definidos por qualquer sistema operativo ou aplicação de software são os recursos físicos do computador, também conhecidos como hardware. Uma lista de requisitos de hardware é frequentemente acompanhada por uma lista de compatibilidade de hardware (HCL), especialmente no caso dos sistemas operativos. Uma lista de requisitos de hardware é frequentemente acompanhada por uma lista de compatibilidade de hardware (HCL), especialmente no caso dos sistemas operativos. As subsecções seguintes abordam os vários aspectos dos requisitos de hardware.

**Arquitetura** - Todos os sistemas operativos de computador são concebidos para uma determinada arquitetura de computador. A maioria das aplicações de software está limitada a sistemas operativos específicos que funcionam em arquitecturas específicas. Embora os sistemas operativos e as aplicações independentes da arquitetura

Existem sistemas operativos que não existem, a maioria precisa de ser recompilada para funcionar numa nova arquitetura. Ver também uma lista de sistemas operativos comuns e respectivas arquitecturas de suporte.

**Potência de processamento** - A potência da unidade central de processamento (CPU) é um requisito de sistema fundamental para qualquer software. A maior parte do software executado na arquitetura x86 define a potência de processamento como o modelo e a velocidade de relógio da CPU. Muitas outras caraterísticas de uma CPU que influenciam a sua velocidade e potência, como a velocidade do barramento, a cache e o MIPS, são frequentemente ignoradas. Esta definição de potência é muitas vezes errónea, uma vez que as CPUs AMD Athlon e Intel Pentium com uma velocidade de relógio semelhante têm frequentemente velocidades de processamento diferentes. As CPUs Intel Pentium gozaram de um considerável grau de popularidade e são frequentemente mencionadas nesta categoria.

**Memória** - Todo o software, quando executado, reside na memória de acesso aleatório (RAM) de um computador. Os requisitos de memória são definidos tendo em conta as exigências da aplicação, do sistema operativo, do software e ficheiros de suporte e de outros processos em execução. O desempenho ótimo de outro software não relacionado em execução num sistema de computador multitarefa também é considerado ao definir este requisito.

**Armazenamento secundário** - Os requisitos do disco rígido variam, dependendo do tamanho da instalação do software, dos ficheiros temporários criados e mantidos durante a instalação ou execução do software e da possível utilização do espaço de troca (se a RAM for insuficiente).

**Adaptador de ecrã** - O software que requer um ecrã gráfico de computador melhor do que a média, como os editores gráficos e os jogos topo de gama, define frequentemente adaptadores de ecrã topo de gama nos requisitos do sistema.

**Periféricos** - Algumas aplicações de software necessitam de fazer uma utilização extensiva e/ou especial de alguns periféricos, exigindo o desempenho ou a funcionalidade superiores desses periféricos. Esses periféricos incluem unidades de CD-ROM, teclados, dispositivos apontadores, dispositivos de rede, etc.

1) **Sistema operativo:**

**Apenas Windows**

2)**Processador: i5 e superior**

3) **Ram: 4 gb e superior**

4) **Disco rígido: 50 GB**

# 2. ESTUDO DE VIABILIDADE

A viabilidade do projeto é analisada nesta fase e é uma proposta comercial com um plano muito geral para o projeto e algumas estimativas de custos. Durante a análise do sistema, deve ser o estudo de viabilidade do sistema proposto. O objetivo é garantir que o sistema proposto não seja um fardo para a empresa. Para a análise de viabilidade, é essencial compreender os principais requisitos do sistema.

Três considerações-chave envolvidas na análise de viabilidade são:

i. **Viabilidade económica**
ii. **Viabilidade técnica**
iii. **Viabilidade social**

## 2.1 VIABILIDADE ECONÓMICA

Este estudo é realizado para verificar o impacto económico que o sistema terá na organização. O montante de fundos que a empresa pode afetar à investigação e desenvolvimento do sistema é limitado. As despesas devem ser justificadas. Assim, o sistema desenvolvido ficou bem dentro do orçamento e isto foi conseguido porque a maior parte das tecnologias utilizadas estão disponíveis gratuitamente. Apenas os produtos personalizados tiveram de ser adquiridos.

## 2.2 VIABILIDADE TÉCNICA

Este estudo é efectuado para verificar a viabilidade técnica, ou seja, os requisitos técnicos do sistema. Qualquer sistema desenvolvido não deve exigir muito dos recursos técnicos disponíveis. Isto levará a que os recursos técnicos disponíveis sejam muito exigentes. Isto conduzirá a exigências elevadas por parte do cliente. O sistema desenvolvido deve ter um requisito modesto, uma vez que apenas são necessárias alterações mínimas ou nulas para a implementação deste sistema.

## 2.3 VIABILIDADE SOCIAL

O aspeto do estudo consiste em verificar o nível de aceitação do sistema pelo utilizador. Isto inclui o processo de formação do utilizador para utilizar o sistema de forma eficiente. O utilizador não deve sentir-se ameaçado pelo sistema, mas deve aceitá-lo como uma necessidade. O nível de aceitação pelos utilizadores depende exclusivamente dos métodos utilizados para educar o utilizador sobre o sistema e para o familiarizar com ele. O seu nível de confiança deve ser aumentado para que possa também fazer algumas críticas construtivas, o que é bem-vindo, uma vez que é o utilizador final do sistema.

# 3. PESQUISA BIBLIOGRÁFICA

## 3.1 ANÁLISE DINÂMICA DE MALWARE DE E-MAILS DE PHISHING:

**RESUMO:** O software malicioso ou malware é um dos perigos mais significativos que a Internet enfrenta atualmente. Na luta contra o malware, os utilizadores dependem de produtos anti-malware e anti-vírus para detetar proactivamente as ameaças antes que os danos sejam causados. Esses produtos baseiam-se em assinaturas estáticas obtidas através da análise de malware. Infelizmente, os autores de malware estão sempre um passo à frente para evitar a deteção. Esta investigação aborda a análise dinâmica de malware, que se centra no seguinte: como se comportará o malware após a sua execução, que alterações no sistema operativo, no registo e na comunicação de rede. A análise dinâmica abre as portas para a geração automática de anomalias e assinaturas activas com base no comportamento do novo malware. A investigação inclui a conceção de um honeypot para capturar novo malware e um laboratório de análise dinâmica completo. Propomos uma metodologia de análise padrão, preparando as ferramentas de análise e, em seguida, executando as amostras maliciosas num ambiente controlado para investigar o seu comportamento. Analisamos 173 e-mails de phishing recentes e 45 mensagens SPIM em busca de potencialmente novo malware, apresentamos duas amostras de malware e a sua análise dinâmica completa.

https://www.researchgate.net/publication/323571589_Dynamic_Malware_Analysis_of_Phishing
_Emails

## 3.2 DETECÇÃO DE FRAUDE NAS NOTÍCIAS: TRÊS TIPOS DE FALSIFICAÇÕES:

**RESUMO:** Um sistema de deteção de notícias falsas visa ajudar os utilizadores a detetar e filtrar variedades de notícias potencialmente enganadoras. A previsão das probabilidades de uma determinada notícia ser intencionalmente enganosa baseia-se na análise de notícias verdadeiras e enganosas vistas anteriormente. A escassez de notícias enganosas, disponíveis como corpora para a modelação preditiva, é um grande obstáculo neste domínio do processamento da linguagem natural (PNL) e da deteção de fraudes. Este documento aborda três tipos de notícias falsas, cada uma delas em contraste com as notícias genuínas e sérias, e avalia os seus prós e contras como corpus para análise de texto e modelação preditiva. Filtrar, examinar e verificar a informação em linha continua a ser essencial nas bibliotecas e nas ciências da informação (LIS), uma vez que as linhas entre as notícias tradicionais e a informação em linha estão a esbater-se.

-

https://www.researchgate.net/publication/281818851_Deception_Detection_for_News_Three_T ypes_of_Fakes

## 3.3 DETECÇÃO AUTOMÁTICA DE ANÚNCIOS MALICIOSOS UTILIZANDO O VIRUS TOTAL, URL VOID E TREND MICRO:

**RESUMO:** A economia da Internet baseia-se no acesso gratuito a conteúdos em troca da visualização de anúncios que podem levar a compras em linha. Os anúncios representam uma importante fonte de receitas para as empresas de publicidade. Essas empresas utilizam todas as técnicas e truques possíveis para maximizar os cliques e as visitas aos sítios Web dos anunciantes. Os sítios Web modernos trocam conteúdos publicitários com fornecedores de anúncios (como o Google AdSense), o que significa que não controlam os conteúdos desses anúncios. Embora os grandes fornecedores, como o Google e o Yahoo!, sejam supostamente fiáveis, a arbitragem de anúncios permite-lhes leiloar essas faixas horárias de anúncios a outros fornecedores. Por conseguinte, os administradores Web não podem garantir a origem dos anúncios nas áreas dos seus sítios Web delegados. Esses anúncios contêm JavaScript e podem redirecionar para sítios Web maliciosos, o que pode levar à execução de código malicioso ou à instalação de malware. Este documento propõe e implementa um sistema para detetar automaticamente anúncios maliciosos. Utiliza três sistemas diferentes de deteção de domínios de malware em linha (Virus Total, URL Void e Trend Micro) para efeitos de deteção de anúncios maliciosos e comunica o número de anúncios maliciosos detectados utilizando cada sistema. Além disso, estudamos a eficiência de cada sistema através do cálculo da matriz de confusão e da precisão. Verificamos que o URL Void é o melhor em termos de precisão (73%) porque utiliza uma combinação de scanners de sítios Web bem conhecidos e listas negras de domínios.

https://www.researchgate.net/publication/316105179_Automated_Malicious_Advertisement_Det ection_using_VirusTotal_URLVoid_and_TrendMicro

## 3.4 AS REDES SOCIAIS COMO FONTE DE INFORMAÇÃO:

**RECÊNCIA DAS ACTUALIZAÇÕES E CREDIBILIDADE DA INFORMAÇÃO:**

**RESUMO:** As redes sociais são cada vez mais utilizadas como fonte de informação, incluindo informações relacionadas com riscos e crises. O presente estudo analisa o impacto que as informações disponíveis nas sociais têm na perceção da credibilidade das fontes. Especificamente, os participantes no foi pedido aos participantes no estudo que visualizassem uma de três páginas simuladas do Twitter.com que variavam a frequência com que os tweets eram publicados e que, em seguida, informassem sobre a credibilidade da fonte percebida pelo proprietário da página. Os dados indicam que a recência dos tweets tem impacto na credibilidade da fonte; no entanto, esta relação é mediada pela elaboração cognitiva. Estes dados sugerem muitas implicações para a teoria e a aplicação, tanto na comunicação mediada por computador como na comunicação de crise. Estas implicações são discutidas, juntamente com as limitações do estudo atual e as orientações para investigação futura.

https://onlinelibrary.wiley.com/doi/full/10.1111/jcc4.12041

## 3.5 AS NOTÍCIAS NUM MUNDO EM LINHA: A NECESSIDADE DE UM "DETECTOR AUTOMÁTICO DE PORCARIA"

**RESUMO:** A adoção generalizada das tecnologias da Internet alterou a forma como as notícias são criadas e consumidas. O atual ambiente noticioso em linha incentiva a rapidez e o espetáculo nas reportagens, em detrimento da verificação dos factos. A fronteira entre os conteúdos gerados pelos utilizadores e as notícias tradicionais também se tornou cada vez mais ténue. Este poster analisa algumas das questões profissionais e culturais que envolvem as notícias em linha e defende uma abordagem dupla inspirada no "detetor automático de porcaria" de Hemingway (Manning, 1965) para resolver estes problemas:

a) Envolvimento proactivo do público por parte de educadores, bibliotecários e especialistas da informação para promover práticas de literacia digital.
b) O desenvolvimento de ferramentas e tecnologias automatizadas para ajudar

os jornalistas a examinar, verificar e verificar os factos e para ajudar os leitores de notícias, filtrando e assinalando informações duvidosas.

https://www.researchgate.net/publication/281818866_News_in_an_Online_World_The_Need_for_an_Autom atic_Crap_Detector

# 4. ANÁLISE DO SISTEMA

## 4.1 SISTEMA ACTUAL:

Muitos dos algoritmos de deteção de notícias falsas que já estavam a ser utilizados tiveram um bom desempenho. Para tirar partido do estado da arte, é necessário utilizar a aprendizagem profunda, uma espécie de inteligência artificial avançada.

### 4.1.1 DESVANTAGENS DO SISTEMA ACTUAL:

1. No entanto, alguns casos de notícias falsas podem ser problemáticos porque têm o poder de influenciar a opinião pública.
2. As notícias falsas podem contaminar os feeds de notícias das redes sociais se não forem identificadas com exatidão e removidas periodicamente. Trata-se de uma questão difícil que precisa de ser resolvida.

## 4.2 SISTEMA PROPOSTO:

Para o efeito, é criado um algoritmo neste estudo para construir uma estrutura para a deteção de notícias falsas. Neste caso, estão a ser aplicados os algoritmos CNN, Naive Bayes e Advanced CNN. A estrutura proposta foi utilizada com a ajuda da plataforma de ciência de dados Python e a sua eficácia foi avaliada em conjunto com muitos outros métodos já utilizados. Os resultados mostraram que os algoritmos propostos superaram o estado da arte.

### 4.2.1 VANTAGENS DO SISTEMA PROPOSTO:

1. Melhor desempenho
2. A eficácia dos modelos mostrou

## 4.3 REQUISITOS FUNCIONAIS

1. Recolha de dados
2. Dados Preponderantes
3. Formação e testes
4. Modelação
5. Previsão

## 4.4 REQUISITOS NÃO FUNCIONAIS

Os REQUISITOS NÃO FUNCIONAIS (NFR) especificam o atributo de qualidade de um sistema de software. Avaliam o sistema de software com base na capacidade de resposta, usabilidade, segurança, portabilidade e outras normas não funcionais que são fundamentais para o êxito do sistema de software. Exemplo de requisito não funcional: *"qual a rapidez de carregamento do sítio Web?"* O não cumprimento dos requisitos não funcionais pode resultar em sistemas que não satisfazem as necessidades dos utilizadores. Os requisitos não funcionais permitem-lhe impor limitações ou restrições à conceção do sistema nos vários backlogs ágeis. Por exemplo, o site deve carregar em 3 segundos quando o número de utilizadores simultâneos é $> 10000$. A descrição dos requisitos não funcionais é tão importante como a dos requisitos funcionais.

- Requisitos de usabilidade
- Requisitos de manutenção
- Requisitos de gestão
- Requisito de recuperabilidade
- Requisito de segurança
- Requisito de integridade dos dados
- Necessidade de capacidade
- Requisito de disponibilidade
- Requisito de escalabilidade
- Requisito de interoperabilidade
- Requisitos de fiabilidade
- Requisitos de manutenção
- Exigências regulamentares
- Requisitos ambientais

# 5. CONCEPÇÃO DO SISTEMA

## 5.1 ARQUITECTURA DO SISTEMA:

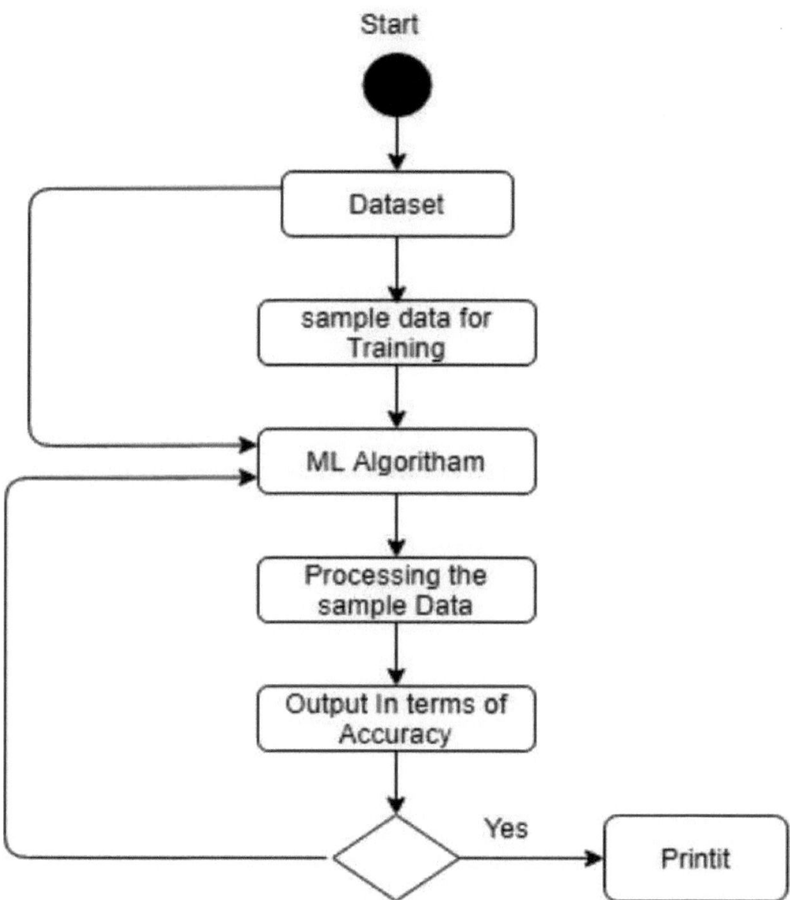


**Fig.5.1.1 Arquitetura do sistema**

## DIAGRAMA DE FLUXO DE DADOS:

1. O DFD também é chamado de gráfico de bolhas. É um formalismo gráfico simples que pode ser utilizado para representar um sistema em termos de dados de entrada no sistema, vários processamentos efectuados sobre esses dados e os dados de saída gerados por esse sistema.
2. O diagrama de fluxo de dados (DFD) é uma das ferramentas de modelação mais importantes. É utilizado para modelar os componentes do sistema. Estes componentes são o processo do sistema, os dados utilizados pelo processo, uma entidade externa que interage com o sistema e os fluxos de informação no sistema.
3. O DFD mostra como a informação se move através do sistema e como é modificada por uma série de transformações. Trata-se de uma técnica gráfica que descreve o fluxo de informação e as transformações que são aplicadas à medida que os dados passam da entrada para a saída.
4. O DFD é também conhecido como gráfico de bolhas. Um DFD pode ser utilizado para representar um sistema em qualquer nível de abstração. O DFD pode ser dividido em níveis que representam o aumento do fluxo de informação e do pormenor funcional.

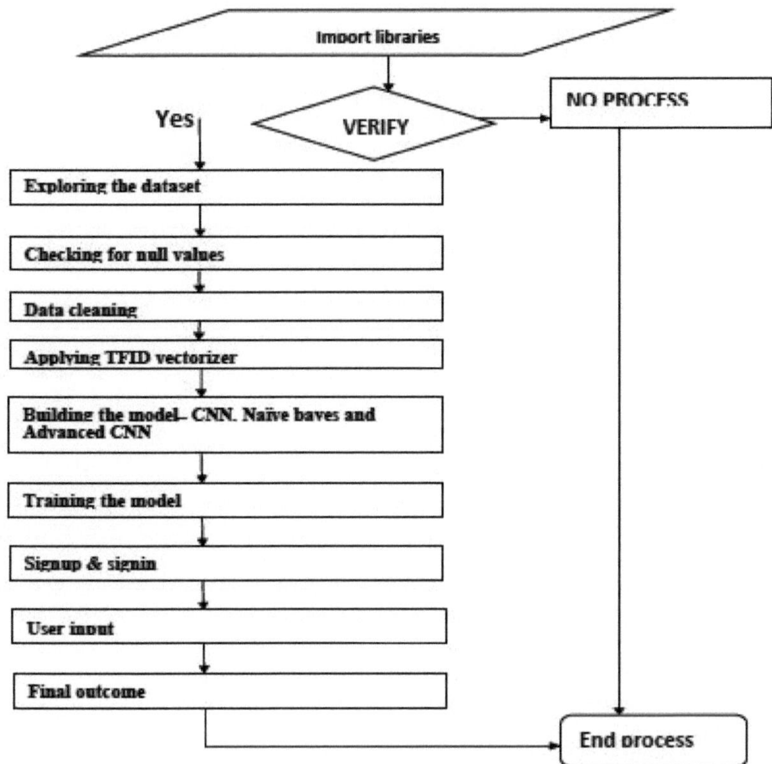


**Fig.5.1.2 Diagrama de fluxo de dados**

## 5.2 DIAGRAMAS UML:

1. UML significa Unified Modeling Language (Linguagem de Modelação Unificada). A UML é uma linguagem de modelação normalizada de uso geral no domínio da engenharia de software orientada para objectos. A norma é gerida e foi criada pelo Object Management Group.
2. O objetivo é que o UML se torne uma linguagem comum para a criação de modelos de software orientado para objectos. Na sua forma atual, a UML é composta por dois componentes principais: um meta-modelo e uma notação. No futuro, alguma forma de método ou processo também pode ser adicionada ou associada à UML.
3. A Unified Modeling Language (Linguagem de Modelação Unificada) é uma linguagem padrão para especificar, visualizar, construir e documentar os artefactos de um sistema de software, bem como para a modelação do negócio e de outros sistemas que não sejam de software.
4. A UML representa uma coleção de melhores práticas de engenharia que provaram ser bem sucedidas na modelação de sistemas grandes e complexos.
5. A UML é uma parte muito importante do desenvolvimento de software orientado para objectos e processo de desenvolvimento de software. O UML utiliza sobretudo notações gráficas para expressar a conceção de projectos de software.

## OBJECTIVOS:

Os principais objectivos da conceção do UML são os seguintes

1. Fornecer aos utilizadores uma linguagem de modelação visual expressiva e pronta a utilizar, para que possam desenvolver e trocar modelos significativos.
2. Fornecer mecanismos de extensibilidade e especialização para alargar os conceitos fundamentais.
3. Ser independente de linguagens de programação e processos de desenvolvimento específicos.
4. Fornecer uma base formal para a compreensão da linguagem de modelação.

5. Incentivar o crescimento do mercado de ferramentas OO.
6. Apoiar conceitos de desenvolvimento de nível superior, tais como colaborações, estruturas, padrões e componentes.
7. Integrar as melhores práticas.

## DIAGRAMA DE CASOS DE UTILIZAÇÃO:

Um diagrama de casos de utilização na Linguagem de Modelação Unificada (UML) é um tipo de diagrama comportamental definido e criado a partir de uma análise de casos de utilização. O seu objetivo é apresentar uma visão gráfica da funcionalidade fornecida por um sistema em termos de actores, os seus objectivos (representados como casos de utilização) e quaisquer dependências entre esses casos de utilização. O principal objetivo de um diagrama de casos de utilização é mostrar que funções do sistema são executadas para que interveniente. Os papéis dos actores no sistema podem ser representados.

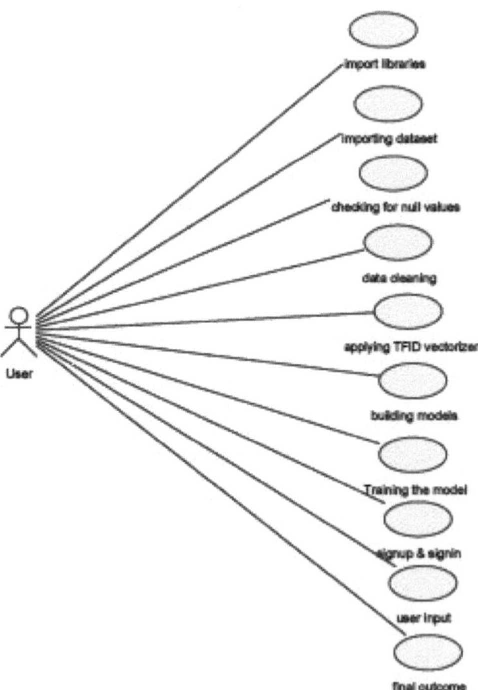


**Fig.5.2.1 Diagrama de casos de utilização**

## DIAGRAMA DE CLASSE:

O diagrama de classes é utilizado para aperfeiçoar o diagrama de casos de utilização e definir uma conceção pormenorizada sistema. O diagrama de classes classifica os actores definidos no diagrama de casos de utilização num conjunto de classes inter-relacionadas. A relação ou associação entre as classes pode ser uma relação "é-um" ou "tem-um". Cada classe no diagrama de classes pode ser capaz de fornecer determinadas funcionalidades. Estas funcionalidades fornecidas pela classe são designadas por "métodos" da classe. Para além disso, cada classe pode ter determinados "atributos" que a identificam de forma única.

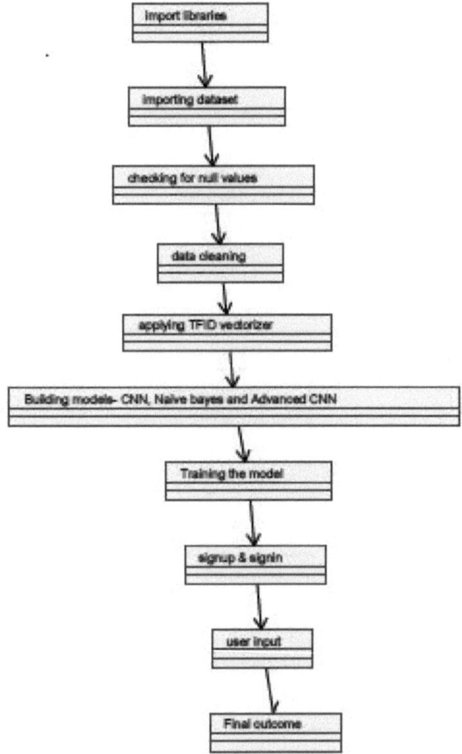


**Fig.5.2.2 Diagrama de classes**

## DIAGRAMA DE ACTIVIDADES:

Os fluxos de processos no sistema são capturados no diagrama de actividades. Semelhante a um diagrama de estados, um diagrama de actividades também é composto por actividades, acções, transições, estados inicial e final e condições de guarda.

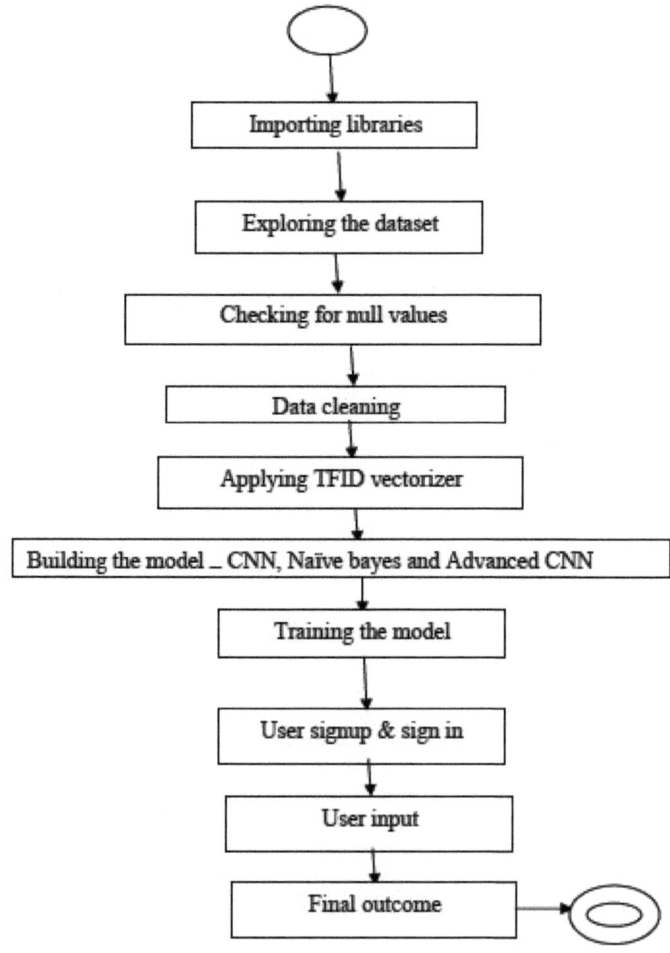


Fig.5.2.3 Diagrama de actividades

## DIAGRAMA DE SEQUÊNCIA:

Um diagrama de sequência representa a interação entre diferentes objectos no sistema. O aspeto importante de um diagrama de sequência é o facto de estar ordenado no tempo. Isto significa que a sequência exacta das interações entre os objectos é representada passo a passo. Os diferentes objectos no diagrama de sequência interagem entre si através da passagem de "mensagens".

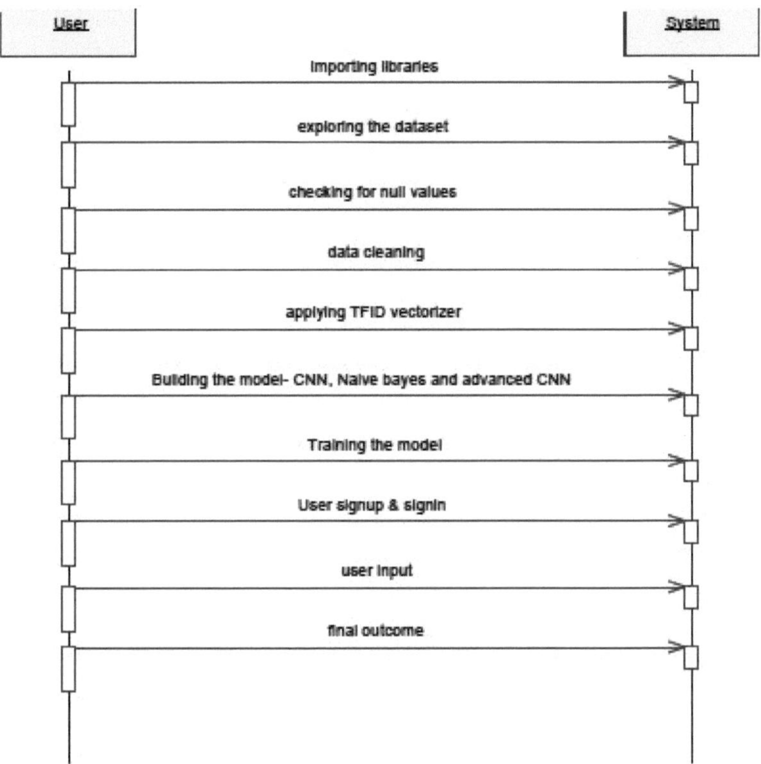


**Fig.5.2.4 Diagrama de sequência**

**DIAGRAMA DE COLABORAÇÃO:**

Um diagrama de colaboração agrupa as interações entre diferentes objectos. As interações são listadas como interações numeradas que ajudam a traçar a sequência das interações. O diagrama de colaboração ajuda a identificar todas as interações possíveis que cada objeto tem com outros objectos.

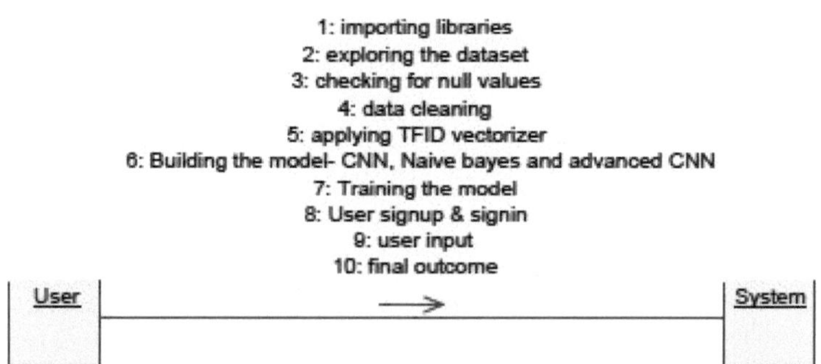


**Fig.5.2.5 Diagrama de colaboração**

## DIAGRAMA DE COMPONENTES:

O diagrama de componentes representa as partes de alto nível que compõem o sistema. Este diagrama descreve, a um nível elevado, quais os componentes que fazem parte do sistema e como estão inter-relacionados. Um diagrama de componentes representa os componentes selecionados depois de o sistema ter passado pela fase de desenvolvimento ou construção.

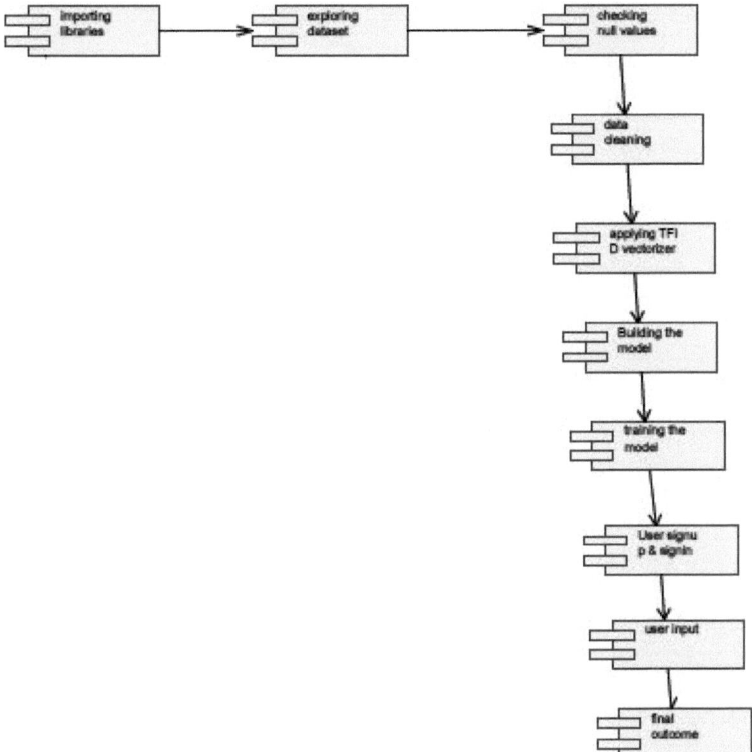


**Fig.5.2.6 Diagrama de componentes**

## DIAGRAMA DE IMPLANTAÇÃO:

O diagrama de implantação captura a configuração dos elementos de tempo de execução da aplicação. Este diagrama é de longe o mais útil quando um sistema é construído e está pronto para ser implantado.

**Fig.5.2.7 Diagrama de implantação**

# 6. IMPLEMENTAÇÃO

## MÓDULOS:

- Importação de bibliotecas: com este módulo vamos importar todos os pacotes
- Importação do conjunto de dados: Usando este módulo, o conjunto de dados será explorado na nossa aplicação
- EDA: com este módulo, vamos verificar a existência de valores nulos
- Limpeza de dados: Utilizando este módulo, os dados serão limpos e os valores desnecessários serão removidos
- Aplicação do vectorizador T fid: com este módulo, efectuamos cálculos de semelhança
- Algoritmos: utilizando este módulo, os algoritmos gerados
- Flask Framework com SQLite para registo e início de sessão: Utilizando este módulo, o utilizador irá registar-se e iniciar sessão na aplicação
- O utilizador dá o seu contributo: Utilizando este módulo, o utilizador dá o seu contributo
- o resultado final é apresentado no frontend: Utilizando esta previsão, o resultado é apresentado

## ALGORITMOS:

**CNN**: Uma CNN é um tipo de arquitetura de rede para algoritmos de aprendizagem profunda e é especificamente utilizada para reconhecimento de imagens e tarefas que envolvem o processamento de dados de pixéis. Existem outros tipos de redes neurais na aprendizagem profunda, mas para identificar e reconhecer objectos, as CNN são a arquitetura de rede de eleição.

**Naive Bayes:** O algoritmo de classificação Naive Bayes é um classificador probabilístico. Baseia-se em modelos de probabilidade que incorporam fortes pressupostos de independência. Os pressupostos de independência muitas vezes não têm impacto na realidade. Por conseguinte, são considerados ingénuos.

## 6.2 CÓDIGO DE EXEMPLO:

```
import pandas as pd import numpy as np import matplotlib.pyplot as plt
import seaborn as sns  from sklearn.feature_extraction.text import
CountVectorizer from sklearn.feature_extraction.text import
TfidfTransformer from sklearn import feature_extraction, linear_model,
model_selection, preprocessing from sklearn.metrics import
accuracy_score from sklearn.model_selection import train_test_split
from sklearn.pipeline import Pipeline fake =
pd.read_csv("data/Fake.csv") true = pd.read_csv("data/True.csv") # Add
flag to track fake and real fake['target'] = 'fake' true['target'] = 'true'
# Concatenate dataframes data =
pd.concat([fake, true]).reset_index(drop
= True) data.shape # Shuffle the data
from sklearn.utils import shuffle data =
shuffle(data)
data =
data.reset_index(drop=
True) # Check the data
data.head()
# Removing the date (we won't use it for the analysis)
data.drop(["date"],axis=1,inplace=True) data.head()
# Removing the title (we will only use
the text)
data.drop(["title"],axis=1,inplace=Tru
e) data.head()
# Convert to lowercase

data['text'] = data['text'].apply(lambda x:
x.lower()) data.head()
# Remove
```

```
punctuatio

n import

string

def punctuation_removal(text):
   all_list = [char for char in text if char not in
string.punctuation] clean_str = ''.join(all_list)
                                return clean_str

data['text'] = data['text'].apply(punctuation_removal) # Check data.head()
# Removing
stopwords import nltk
nltk.download('stopw
ords') from
nltk.corpus import
stopwords stop
= stopwords.words('english')

data['text'] = data['text'].apply(lambda x: ' '.join([word for word in x.split() if
word not in (stop)]))
# How many articles per subject?
print(data.groupby(['subject'])['text'].coun
t())
data.groupby(['subject'])['text'].count().plot(kind="b
ar") plt.show()
# How many fake and real articles?
print(data.groupby(['target'])['text'].count
())
data.groupby(['target'])['text'].count().plot
(kind="bar") plt.show()
# Word cloud for fake news from wordcloud import
```

```
WordCloud

fake_data = data[data["target"] == "fake"] all_words
= ' '.join([text for text in fake_data.text])

wordcloud = WordCloud(width= 800, height= 500,
                     max_font_size =
110, collocations =
False).generate(all_words)

plt.figure(figsize=(10,7))
plt.imshow(wordcloud,
interpolation='bilinear')
plt.axis("off") plt.show()
# Word cloud for real
news from wordcloud
import WordCloud

real_data = data[data["target"] == "true"] all_words
= ' '.join([text for text in fake_data.text])

wordcloud = WordCloud(width= 800, height= 500,
                     max_font_size =
110, collocations =
False).generate(all_words)

plt.figure(figsize=(10,7)) plt.imshow(wordcloud, interpolation='bilinear'
) plt.axis("off")
plt.show()
#     Most     frequent     words     counter     (Code
      adapted     from https://www.kaggle.com/rodolfoluna/fake-news-
detector)
from nltk import tokenize

token_space = tokenize.WhitespaceTokenizer()
```

```
def counter(text, column_text, quantity):
  all_words = ' '.join([text for text in
text[column_text]]) token_phrase =
token_space.tokenize(all_words)                    frequency =
nltk.FreqDist(token_phrase)    df_frequency =
pd.DataFrame({"Word": list(frequency.keys()),
                        "Frequency": list(frequency.values())})
                              df_frequency =
df_frequency.nlargest(columns = "Frequency", n = quantity)
plt.figure(figsize=(12,8))    ax = sns.barplot(data = df_frequency, x =
"Word", y = "Frequency", color = 'blue')
                              ax.set(ylabel = "Count")
plt.xticks(rotation='vertical')    plt.show()
# Function to plot the confusion matrix (code from
  https://scikit-
learn.org/stable/auto_examples/model_selection/plot_confusion
_matri x.html) from sklearn import metrics import itertools

def plot_confusion_matrix(cm, classes,

 normalize
=False,
title='Conf
usion
matrix',
cmap=plt.c
m.Blues):

  plt.imshow(cm,  interpolation='nearest',
cmap=cmap) plt.title(title)  plt.colorbar()
```

```
tick_marks =
np.arange(len(classes))
plt.xticks(tick_marks, classes,
rotation=45)
plt.yticks(tick_marks, classes)

  if normalize:
    cm = cm.astype('float') / cm.sum(axis=1)[:,
np.newaxis] print("Normalized confusion
matrix") else:
    print('Confusion matrix, without normalization')

  thresh = cm.max() / 2. for
i, j in itertools.product(range(cm.shape[0]),
                          range(cm.shape[
1])): plt.text(j, i, cm[i, j],
                          horizontalalignm
ent="center", color="white" if cm[i, j] > thresh else
"black")

  plt.tight_layo
ut()
plt.ylabel('True label') plt.xlabel('Predicted label') dct = dict()

from sklearn.naive_bayes import MultinomialNB
```

```
NB_classifier = MultinomialNB() pipe =
Pipeline([('vect', CountVectorizer()),
            ('tfidf',
            TfidfTransfor
            mer()),
            ('model',
            NB_classifier)
            ])
```

```
model = pipe.fit(X_train, y_train) prediction =
model.predict(X_test) print("accuracy:
{}%".format(round(accuracy_score(y_test, prediction)*100,2)))
dct['Naive Bayes'] = round(accuracy_score(y_test,
prediction)*100,2) import matplotlib.pyplot as plt
plt.figure(figsize=(8,7))
plt.bar(list(dct.keys()),list(dct.values())) plt.ylim(90,100)
plt.yticks((91, 92, 93,
94, 95, 96, 97, 98, 99, 100)) the end.....
```

# 7. AMBIENTE DE SOFTWARE

## LINGUAGEM PYTHON:

Python é uma linguagem de programação interpretada, orientada para objectos e de alto nível com semântica dinâmica. As suas estruturas de dados incorporadas de alto nível, combinadas com a tipagem dinâmica e a ligação dinâmica, tornam-na muito atractiva para o desenvolvimento rápido de aplicações, bem como para utilização como linguagem de scripting ou de ligação ligar componentes existentes. A sintaxe simples e fácil de aprender do Python enfatiza a legibilidade e, portanto, reduz o custo de manutenção do programa. Python suporta módulos e pacotes, o que incentiva a modularidade do programa e a reutilização do código. O interpretador Python e a extensa biblioteca padrão estão disponíveis na forma de código-fonte ou binária gratuitamente para todas as principais plataformas, e podem ser distribuídos livremente. Muitas vezes, os programadores apaixonam-se por Python devido ao aumento de produtividade que proporciona. Como não há etapa de compilação, o ciclo de edição-teste-depuração é incrivelmente rápido. A depuração de programas Python é fácil: um bug ou uma entrada incorrecta nunca causará uma falha de segmentação. Em vez disso, quando o interpretador descobre um erro, levanta uma exceção. Quando o programa não apanha a exceção, o interpretador imprime um traço de pilha. Um depurador ao nível do código-fonte permite a inspeção de variáveis locais e globais, a avaliação de expressões arbitrárias, a definição de pontos de interrupção, a passagem pelo código uma linha de cada vez e assim por diante. O depurador é escrito no próprio Python, atestando o poder introspetivo do Python. Por outro lado, muitas vezes a maneira mais rápida de depurar um programa é adicionar algumas instruções de impressão ao código fonte: o rápido ciclo editar-testar-depurar torna esta abordagem simples muito eficaz.

Python é uma linguagem de programação dinâmica, de alto nível, gratuita, de código aberto e interpretada. Suporta programação orientada para objectos, bem como programação orientada para procedimentos. Em Python, não precisamos de declarar o tipo de variável porque se trata de uma linguagem tipada dinamicamente. Por exemplo, x = 10 Aqui, x pode ser qualquer coisa, como String, int, etc.

## Caraterísticas em Python:

Existem muitas funcionalidades em Python, algumas das quais são abordadas a seguir:

**1. Livre e de código aberto:**

A linguagem Python está disponível gratuitamente no sítio Web oficial e pode descarregá-la a partir da ligação de descarregamento indicada, clicando na palavra-chave Descarregar Python. Descarregar Python Uma vez que é de código aberto, isto significa que o código fonte também está disponível para o público. Assim, pode descarregá-lo, e partilhá-lo.

**2. Fácil de codificar:**

Python é uma linguagem de programação . de nívelaltoA linguagem Python é muito fácil de aprender em comparação com outras linguagens como C, C#, Javascript, Java, etc. É muito fácil codificar na linguagem Python e qualquer pessoa pode aprender o básico da linguagem em poucas horas ou dias. É também uma linguagem de fácil desenvolvimento.

**3. Fácil de ler:**

Como verás, aprender Python é bastante simples. Como já foi dito, a sintaxe do Python é muito simples. O bloco de código é definido pelas indentações e não por ponto e vírgula ou parêntesis.

**4. Linguagem orientada para objectos:**

Uma das principais caraterísticas do Python é a para programação orientada objectos. Python suporta linguagem orientada para objectos e conceitos de classes, encapsulamento de objectos, etc.

**5. Suporte de programação GUI:**

As interfaces gráficas de utilizador podem ser criadas utilizando um módulo como o PyQt5, PyQt4, wxPython ou Tk em python. O PyQt5 é a opção mais popular para criar aplicações gráficas com Python.

**6. Linguagem de alto nível:**

Python é uma linguagem de alto nível. Quando escrevemos programas em Python, não precisamos de nos lembrar da arquitetura do sistema, nem de gerir a memória.

7. **Funcionalidade extensível:**

Python é uma linguagem extensível. Podemos escrever algum código Python em linguagem C ou C++ e também podemos compilar esse código em linguagem C/C++.

8. **Fácil de depurar:**

Excelente informação para o rastreio de erros. Será capaz de identificar e corrigir rapidamente a maioria dos problemas do seu programa assim que compreender como interpretar os traços de erro do Python.
Basta olhar para o código saber qual é o seu objetivo.

9. **Python é uma linguagem portátil:**

A linguagem Python é também uma linguagem portátil. Por exemplo, se tivermos código Python para Windows e quisermos executá-lo noutras plataformas, como Linux, Unix e Mac, não precisamos de o alterar, podemos executá-lo em qualquer plataforma.

10. **Python é uma linguagem integrada:**

Python é também uma linguagem integrada, uma vez que pode ser facilmente integrada com outras linguagens como C, C++, etc.

11. **Língua interpretada:**

Python é uma linguagem interpretada porque o código Python é executado linha a linha de cada vez. Tal como outras linguagens C, C++, Java, etc., não é necessário compilar o código Python, o que facilita a depuração do nosso código. O código fonte de Python é convertido numa forma imediata chamada bytecode.

12. **Grande biblioteca padrão:**

Python tem uma grande biblioteca padrão que fornece um conjunto rico de módulos e funções para que não tenhas de escrever o teu próprio código para cada coisa. Há muitas bibliotecas presentes em Python, tais como expressões regulares, testes unitários, navegadores Web, etc.

**13. Linguagem Dinamicamente Tipada:**

Python é uma linguagem de tipo dinâmico. Isto significa que o tipo (por exemplo, int, double, long, etc.) de uma variável é decidido em tempo de execução e não antecipadamente.

**14. Desenvolvimento front-end e back-end:**

Com um novo projeto py script, você pode executar e escrever códigos Python em HTML com a ajuda de algumas tags simples <py-script>, <py-env>, etc. Isso irá ajudá-lo a fazer o trabalho de desenvolvimento de front-end em Python como javascript. Backend é o forte do Python e é amplamente utilizado para este trabalho por causa de seus frameworks como Django e Flask.

**15. Atribuição dinâmica de memória:**

Em Python, o tipo de dados da variável não precisa de ser especificado. A memória é automaticamente atribuída a uma variável em tempo de execução quando lhe é atribuído um valor. Os programadores não precisam de escrever int y = 18 se o valor inteiro 15 for definido como y. Podem simplesmente escrever y=18.

## BIBLIOTECAS/PACOTES:

### TensorFlow:

O TensorFlow é uma biblioteca de software para fluxo de dados e diferenciável gratuita e de código aberto programação numa série de tarefas. É uma biblioteca de matemática simbólica e também é utilizada para aplicações de aprendizagem automática, como as redes neuronais. É utilizada tanto para investigação como para produção na Google.

O TensorFlow foi desenvolvido pela equipa do Google Brain para uso interno da Google. Foi lançado sob a licença de código aberto Apache 2.0 em 9 de novembro de 2015.

### NUMPY:

O NumPy é um pacote de processamento de matrizes para fins gerais. Fornece um objeto de matriz multidimensional de elevado desempenho e ferramentas para trabalhar com estas matrizes.

É o pacote fundamental para a computação científica com Python. Contém várias funcionalidades, incluindo estas importantes:

- Um poderoso objeto de matriz N-dimensional
- Funções sofisticadas (de difusão)
- Ferramentas para integração de código C/C++ e Fortran
- Capacidades úteis de álgebra linear, transformada de Fourier e números aleatórios

Para além das suas utilizações científicas óbvias, o Numpy também pode ser utilizado como um contentor multidimensional eficiente de dados genéricos. Tipos de dados arbitrários podem ser definidos usando o Numpy, o que permite que o Numpy se integre de forma simples e rápida com uma grande variedade de bases de dados.

## PANDAS:

Pandas é uma biblioteca Python de código aberto que fornece uma ferramenta de manipulação e análise de dados de elevado desempenho utilizando as suas poderosas estruturas de dados. A linguagem Python era maioritariamente utilizada para a manipulação e preparação de dados. A sua contribuição para a análise de dados era muito reduzida. O Pandas resolveu este problema. Usando Pandas, podemos realizar cinco etapas típicas no processamento e análise de dados, independentemente da origem dos dados: carregar, preparar, manipular, modelar e analisar. O Python com Pandas é utilizado numa vasta gama de domínios, incluindo os domínios académico e comercial, nomeadamente finanças, economia, estatística, análise, etc.

## MATPLOTLIB:

O Matplotlib é uma biblioteca de plotagem 2D em Python que produz figuras com qualidade de publicação numa variedade de formatos impressos e ambientes interactivos em várias plataformas. O Matplotlib pode ser usado em scripts Python, nos shells Python e IPython, no Jupyter Notebook, em servidores de aplicações Web e em quatro kits de ferramentas de interface gráfica com o utilizador. O Matplotlib tenta tornar as coisas fáceis fáceis e as coisas difíceis possíveis. Pode gerar gráficos, histogramas, espectros de potência, gráficos de barras, gráficos de erros, gráficos de dispersão, etc., com apenas algumas linhas de código. Para exemplos, veja os exemplos de gráficos e a galeria de miniaturas.

Para a criação de gráficos simples, o módulo pyplot fornece uma interface semelhante à do MATLAB, particularmente quando combinado com o IPython. Para o utilizador avançado, tem controlo total sobre os estilos de linha e as propriedades do tipo de letra, propriedades dos eixos, etc., através de uma interface orientada para os objectos ou através de um conjunto de funções familiares aos utilizadores do MATLAB.

## SCIKIT - APRENDER:

O Scikit-learn fornece uma gama de algoritmos de aprendizagem supervisionada e não supervisionada através de uma interface consistente em Python. Está licenciado ao abrigo de uma licença BSD simplificada permissiva e é distribuído em muitas distribuições Linux, incentivando a utilização académica e comercial.

# 8. TESTE DO SISTEMA

Os testes de sistema, também designados por testes ao nível do sistema ou testes de integração do sistema, são o processo através do qual uma equipa de garantia de qualidade (GQ) avalia a forma como os vários componentes de uma aplicação interagem entre si num sistema ou aplicação completos e integrados. Os testes de sistema verificam se uma aplicação executa as tarefas tal como foram concebidas. Este passo, uma espécie de teste de caixa negra, centra-se na funcionalidade de uma aplicação. O teste do sistema, por exemplo, pode verificar se cada tipo de entrada do utilizador produz o resultado pretendido em toda a aplicação.

Fases do teste de sistemas:

Um tutorial em vídeo sobre este nível de teste. O teste do sistema examina todos os componentes de uma aplicação para se certificar de que funcionam como um todo completo e unificado. Normalmente, uma equipa de garantia de qualidade realiza testes de sistema depois de verificar módulos individuais com testes funcionais ou de história de utilizador e, em seguida, cada componente através de testes de integração.

Se uma compilação de software atingir os resultados desejados nos testes de sistema, recebe uma verificação final através de testes de aceitação antes de ir para a produção, onde os utilizadores consomem o software. Uma equipa de desenvolvimento de aplicações regista todos os defeitos e estabelece os tipos e o número de defeitos que são toleráveis.

## 8.1 ESTRATÉGIAS DE TESTE DE SOFTWARE:

A otimização da abordagem ao teste na engenharia de software é a melhor forma de o tornar eficaz. Uma estratégia de teste de software define o que, quando e como fazer o que for necessário para obter um produto final de alta qualidade. Normalmente, as seguintes estratégias de teste de software e as suas combinações são utilizadas para atingir este objetivo principal:

### Testes estáticos:

A estratégia de teste na fase inicial é o teste estático: é efectuado sem executar efetivamente o produto em desenvolvimento. Basicamente, esta verificação documental é necessária para detetar erros e problemas que estão presentes no próprio código. Este controlo é importante na fase de pré-implantação, uma vez que ajuda a evitar problemas causados por erros no código e deficiências na estrutura do software.

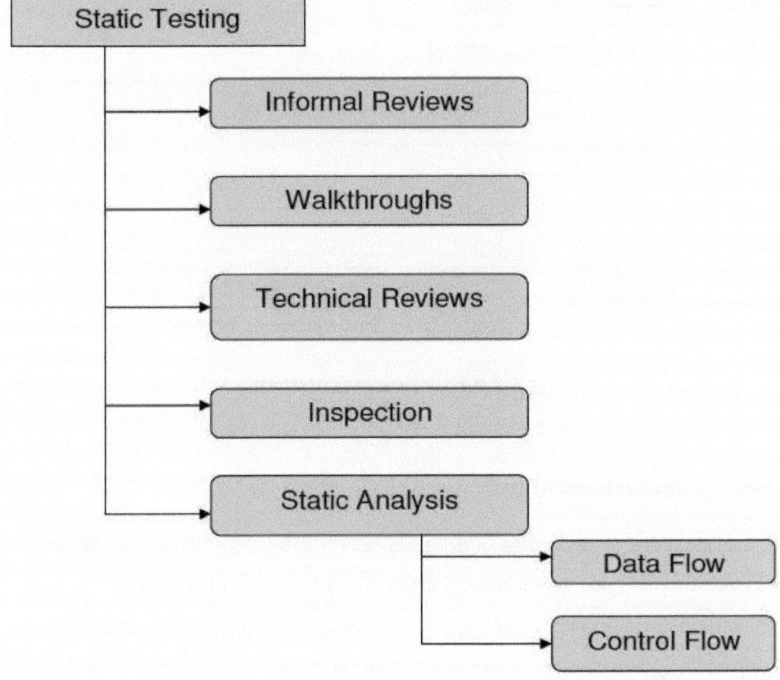


**Fig.5.2.8 Ensaio estático**

## Ensaios estruturais:

Não é possível testar eficazmente o software sem o executar. Os testes estruturais, também conhecidos como testes de caixa branca, são necessários para detetar e corrigir falhas e erros que surgem durante a fase de pré-produção do processo de desenvolvimento de software. Nesta fase, os testes unitários baseados na estrutura do software são efectuados através de testes de regressão. Na maioria dos casos, trata-se de um processo automatizado que funciona no âmbito da estrutura de automatização dos testes para acelerar o processo de desenvolvimento nesta fase.

Os programadores e os engenheiros de garantia da qualidade têm acesso total à estrutura do software e aos fluxos de dados (teste dos fluxos de dados), pelo que podem acompanhar quaisquer alterações (teste de mutação) no comportamento do sistema, comparando os resultados dos testes com os resultados de iterações anteriores (teste do fluxo de controlo).

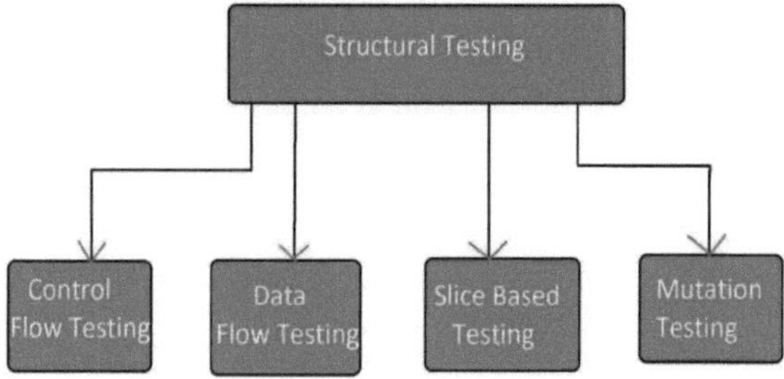


Fig.5.2.9 **Ensaios estruturais**

## Testes comportamentais:

A fase final dos testes centra-se nas reacções do software a várias actividades e não nos mecanismos subjacentes a essas reacções. Por outras palavras, o teste comportamental, também conhecido como teste da caixa negra, pressupõe a realização de numerosos testes, na sua maioria manuais, para ver o produto do ponto de vista do utilizador. Os engenheiros de controlo de qualidade dispõem normalmente de alguma informação específica sobre um negócio ou outros objectivos do software ("a caixa negra") para executar testes de usabilidade, por exemplo, e reagir aos erros como os utilizadores regulares do produto o farão. Os testes comportamentais também podem incluir a automatização (testes de regressão) para eliminar o erro humano se forem necessárias actividades repetitivas. Por exemplo, pode ser necessário preencher 100 formulários de registo no sítio Web para ver como o produto lida com essa atividade, pelo que é preferível automatizar este teste.

Fig.5.2.10 Teste de caixa preta

## 8.2 CASOS DE TESTE:

| S.NO | ENTRADA | Se disponível | Se não estiver disponível |
|---|---|---|---|
| 1 | Registo de utilizador | O utilizador é registado na aplicação | Não existe um processo |
| 2 | Início de sessão do utilizador | O utilizador inicia sessão na aplicação | Não existe um processo |
| 3 | Introduzir dados para a previsão | Resultado da previsão apresentado | Não existe um processo |

# 9. CAPTURAS DE ECRÃ

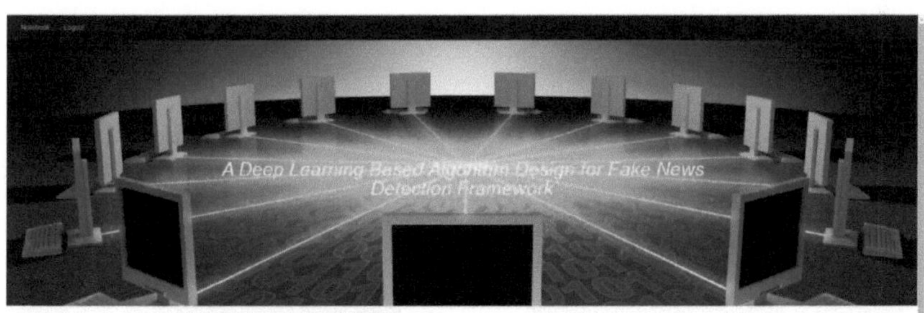


ENTER YOUR TEXT HERE

Forest fire near La Ronge Sask. Canada

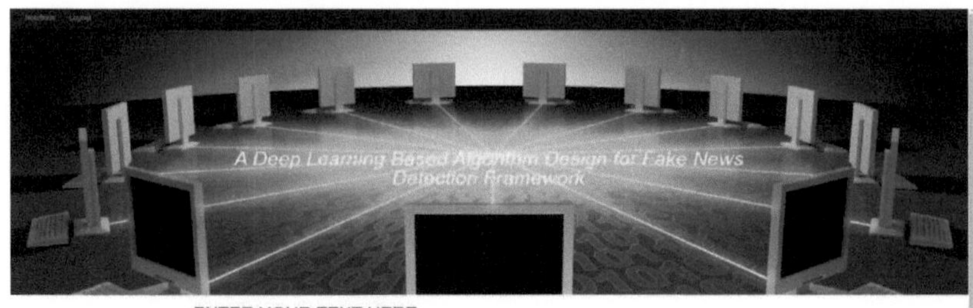


ENTER YOUR TEXT HERE

Forest fire near La Ronge Sask. Canada

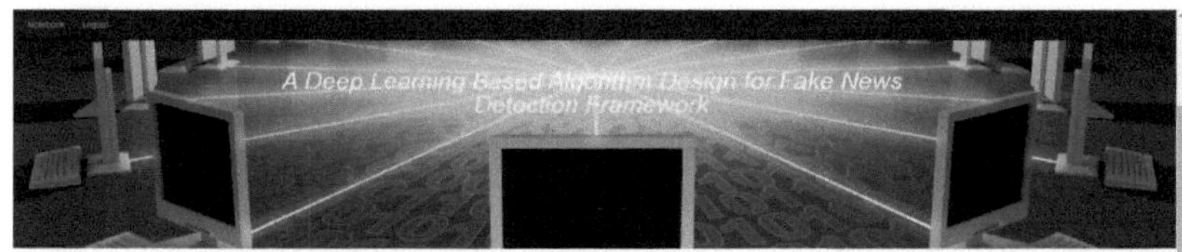


RESULT

YOUR PREDICTION

For the given input : **Given news predicted as FAKE**

Try again!

ENTER YOUR TEXT HERE

i will only call or text 2 niggas my bff & my boyfriend ???? i love my boys to death. No other niggas can hold my attention like them ??

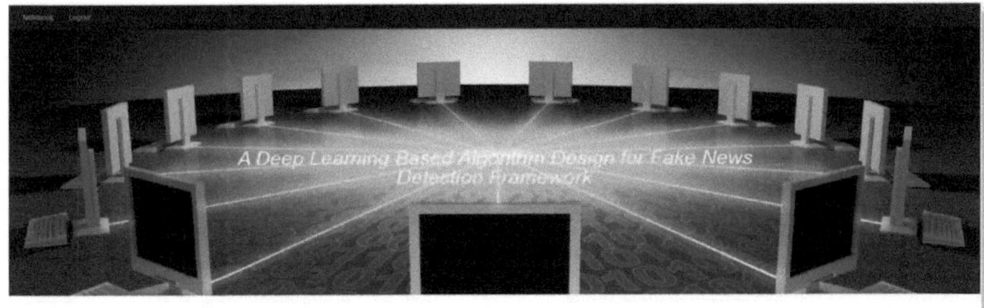


RESULT

YOUR PREDICTION

For the given input : **Given news predicted as GENUINE**

# 10. CONCLUSÃO

Neste documento, é proposto e implementado um modelo avançado de CNN. O algoritmo é comparado com o modelo CNN de base e com o modelo tradicional de aprendizagem automática conhecido como Naïve Bayes. O conjunto de dados Kaggle é utilizado para avaliar o modelo proposto. O conjunto de dados de notícias é submetido a um pré-processamento com métodos de PNL e incorporação de palavras. O DCNN-FND, o CNN e o Naïve Bayes são utilizados como modelos de deteção de notícias falsas para comparação do desempenho. Os resultados revelaram que o DCNN-FND apresenta um melhor desempenho do que o estado da arte. O DCNN-FND apresentou o melhor desempenho com uma precisão de 0,9835, enquanto o modelo de base CNN apresentou uma precisão de 0,9150 e o Naïve Bayes 0,8997. No futuro, utilizaremos métodos de aprendizagem por transferência para melhorar ainda mais o desempenho do DCNN-FND.

# 11. REFERÊNCIAS

[1] Qbeitah, M. A., &Aldwairi, M. (2018, abril). Análise dinâmica de malware de e-mails de phishing. Em 2018, 9ª Conferência Internacional sobre Sistemas de Informação e Comunicação (ICICS) (pp. 18-24). IEEE.

[2] Rubin, V. L., Chen, Y., & Conroy, N. K. (2015). Deception detection for news: three types of fakes (Deteção de fraude para notícias: três tipos de falsificações). Actas da Associação para a Ciência e Tecnologia da Informação, 52(1), 1-4.

[3] Masri, R., &Aldwairi, M. (2017, abril). Deteção automatizada de anúncios maliciosos usando virustotal, urlvoid e trendmicro. Em 2017, 8ª Conferência Internacional sobre Sistemas de Informação e Comunicação (ICICS) (pp. 336-341). IEEE.

[4] Westerman, D., Spence, P. R., & Van Der Heide, B. (2014). As redes sociais como fonte de informação: Recência das actualizações e credibilidade da informação. Journal of computer-mediated communication, 19(2), 171-183.

[5] Chen, Y., Conroy, N. K., & Rubin, V. L. (2015). Notícias num mundo online: A necessidade de um "detetor automático de porcaria". Actas da Associação para a Ciência e Tecnologia da Informação, 52(1), 1-4.

[6] Pogue, D. (2017). Como acabar com as notícias falsas. Scientific American, 316(2), 24-24.

[7] Konagala, V., &Bano, S. (2020). Deteção de notícias falsas usando aprendizado profundo: Análise Supervisionada de Deteção de Notícias Falsas em Mídias Sociais com Método de Similaridade Semântica. Em Técnicas de aprendizagem profunda e estratégias de otimização em Big Data Analytics (pp. 166177). IGI Global.

[8] Aldwairi, M., Hasan, M., &Balbahaith, Z. (2020). Deteção de ataques de download drive-by usando abordagem de aprendizado de máquina. Em Cognitive Analytics: Conceitos, metodologias, ferramentas e aplicações (pp. 1598-1611). IGI Global.

[9] Balmas, M. (2014). Quando as notícias falsas se tornam reais: Combined exposure to multiple news sources and political attitudes of inefficacy, alienation, and cynicism [Exposição combinada a múltiplas fontes de notícias e atitudes políticas de ineficácia, alienação e cinismo]. Communication research, 41(3), 430-454.

[10] Brewer, P. R., Young, D. G., &Morreale, M. (2013). O impacto das notícias reais sobre "notícias falsas notícias": Processos intertextuais e sátira política.

International Journal of Public Opinion Research, 25(3), 323-343. 43

# ÍNDICE DE CONTEÚDOS

Printed by Books on Demand GmbH, Norderstedt / Germany